Helena Petrovny Blavatsky

Les origines du rituel dans l'Église et dans la Maçonnerie

Books On Demand

Copyright © 2020 Helena Petrovny Blavatsky (domaine public)
Édition : BoD – Books on Demand, 12/14 rond-point des Champs-Élysées, 75008 Paris.
Impression : BoD - Books on Demand, Norderstedt, Allemagne.
ISBN : 9782322259397
Dépôt légal : Novembre 2020
Tous droits réservés

I

Les Théosophes sont très souvent et très injustement accusés d'être des infidèles ou même des athées. C'est une grave erreur, spécialement en ce qui concerne cette dernière accusation.

Dans une Société importante, formée de membres appartenant à tant de races et de nationalités différentes ; dans une association ou chaque homme (ou chaque femme) est laissé libre de croire ce qu'il ou elle préfère, de suivre ou de ne pas suivre — suivant son désir — la religion dans laquelle il est né et a été élevé, il n'y a que peu de place laissée à l'athéisme. Quant à l'accusation «d'infidèle», elle devient un non-sens et une fantaisie. Pour en démontrer *l'absurdité*, il nous suffira de demander à nos diffamateurs de nous montrer, dans le monde civilisé en entier, la personne qui n'est pas considérée comme une «infidèle» par quelque autre personne appartenant à une foi différente. Que vous abordiez les cercles hautement respectables et orthodoxes, ou la «société» des soi-disant hétérodoxes, il en est partout de même. C'est là une accusation mutuelle, tacitement et non ouvertement exprimée ; une sorte de jeu de raquettes mental, où chacun se renvoie la balle, dans un silence poli.

En réalité, aucun théosophe non plus qu'un non-théosophe ne peut être un «infidèle», et d'un autre côté, il n'est pas d'être humain qui ne soit un «infidèle» suivant l'opinion d'un sectaire quelconque. Quant à l'accusation d'athéisme, c'est toute une autre question.

Qu'est-ce que l'athéisme ? demanderons-nous en premier lieu. Est-ce le fait de ne pas croire en l'existence d'un Dieu, ou des dieux, et de la nier, ou simplement le refus d'accepter une déité personnelle, suivant la définition quelque peu violente de R. Hall, qui explique l'athéisme comme un «système féroce qui ne laisse rien *au-dessus* (?) de nous pour inspirer la terreur, et rien autour de nous pour éveiller la tendresse (!) » Si la première donnée est acceptée, cela est douteux pour la plupart de nos membres, car ceux de l'Inde de la Birmanie, etc., croient en des dieux, en des êtres divins et craignent beaucoup certains d'entre eux. De même, un grand nombre de Théosophes occidentaux ne manqueraient pas de confesser leur entière croyance en des esprits planétaires ou de l'espace, fantômes ou anges. Beaucoup parmi nous acceptent l'existence d'intelligences supérieures et inférieures, d'Êtres aussi grands que n'importe quel Dieu «personnel». Ceci n'est pas un secret occulte. La plupart d'entre nous croient en la survivance de l'Ego spirituel, aux Esprit planétaires et aux Nirinanakayas, ces grands Adeptes des âges passés qui, renonçant à leurs droits au Nirvana, demeurent dans les sphères où nous vivons, non comme des «esprits», mais comme des Êtres spirituels humains complets. Ils restent tels qu'ils furent, sauf pour ce qui est de leur enveloppe corporelle visible qu'ils ont abandonné, afin de venir en aide à la pauvre humanité, autant que cette aide peut être donnée sans aller à l'encontre de la loi karmique. Ceci est vraiment le «Grand Renoncement», un incessant sacrifice conscient à travers les éons et les âges, jusqu'au jour où les yeux de l'aveugle humanité s'ouvriront et où tous, au lieu d'un petit nombre, reconnaîtront l'universelle Vérité. Si ces Êtres voulaient seulement permettre que le feu qui anime nos cœurs, à la pensée du plus pur de tous les sacrifices, soit embrasé d'adoration, et offert sur un autel élevé en leur honneur, ils pourraient être regardés comme Dieu ou comme des Dieux. Mais ils ne le veulent pas. En vérité, c'est seulement dans le secret du cœur que doit s'élever dans ce cas le plus beau temple de Dévotion, tout autre ne serait qu'ostentation profane.

Considérons maintenant ces autres Êtres invisibles dont quelques-uns sont plus haut et d'autres plus bas dans l'échelle de l'évolution divine. Des derniers nous n'avons rien à dire; quant aux premiers, ils ne peuvent rien nous dire, car nous sommes non existants pour eux. L'homogène ne peut avoir connaissance de l'hétérogène, et à moins que nous n'apprenions à nous évader de notre enveloppe mortelle et à communier «d'esprit à esprit», nous ne pouvons espérer reconnaître leur nature réelle.

Mais chaque vrai théosophe soutient que le Soi supérieur divin de chaque homme mortel est de la même essence que celle de ces Dieux. L'Ego incarné, doué du libre arbitre, et possédant de ce fait une plus grande responsabilité, est même supérieur à nos yeux, sinon plus divin, que n'importe quelle *Intelligence spirituelle* qui en est encore à attendre l'incarnation. Du point de vue philosophique, la raison en est claire et tout métaphysicien de l'École orientale la comprendra. L'Ego incarné est aux prises avec des difficultés qui n'existent pas pour la pure Essence divine non associée à la matière; ici, il n'a aucun mérite personnel, tandis que l'Ego en incarnation est sur le chemin de son perfectionnement final à travers des épreuves de l'existence, de la peine et de la souffrance.

L'ombre de Karma ne peut tomber sur ce qui est divin, pur de tout alliage, et si différent de nous qu'il ne peut y avoir entre nous aucune relation. Quant à ces déités qui sont regardées dans le Panthéon ésotérique hindou comme finies, et par conséquent soumises au Karma, nul véritable philosophe ne consentira jamais à les adorer; ce sont des signes et des symboles.

LES ORIGINES DU RITUEL DANS L'ÉGLISE ET DANS LA MAÇONNERIE

Serons nous alors considérés comme athées, parce que croyant en des Phalanges spirituelles — en ces êtres qui en sont venus à être adorés dans leur collectivité comme un Dieu *personnel* — nous refusons absolument de les regarder comme représentant le Un Inconnu ? parce que nous affirmons que le Principe éternel, le *Tout en Tout* du Pouvoir absolu, de la Totalité, ne peut être exprimé par des paroles limitées ni avoir pour symbole aucun attribut conditionné et qualificatif ? Bien plus, laisserons-nous passer sans protestation l'accusation d'idolâtrie que portent contre nous les catholiques romains ? Eux, dont la religion est aussi païenne qu'aucune de celle des adorateurs des éléments et du système solaire. Eux, qui ont tiré d'elles leur credo, existant quoique diminué, desséché, bien des âges avant l'An I de l'ère chrétienne ; dont les dogmes et les rites sont les mêmes que ceux de toute nation idolâtre — si toutefois une telle nation existe.

Sur toute la surface de la Terre, du Pôle Nord au Pôle Sud, depuis les golfes glacés des pays nordiques jusqu'aux plaines torrides du Sud de l'Inde, de l'Amérique Centrale, en Grèce et en Chaldée, le Feu Solaire, en tant que symbole du Divin Pouvoir créateur de la vie et de l'amour, était adoré. L'union du Soleil (l'élément masculin) avec la terre et l'eau (la matière-élément féminin) était célébrée dans les Temples de l'univers entier. Si les païens avaient une fête commémorative de cette union — fête qu'ils célébraient neuf mois avant le Solstice d'Hiver, alors était-il dit qu'Isis, avait conçu, les chrétiens catholiques romains l'ont aussi.

Le grand et saint jour de l'Annonciation, le jour où la Vierge Marie a reçu la faveur de (son) Dieu et conçut le « Fils du Très-Haut » est célébré par les chrétiens *neuf mois avant Noël*. D'où vient l'adoration du Feu, les lumières et les lampes dans les églises ? Pourquoi cela ? Parce que Vulcain, le Dieu du Feu épousa Vénus, la déesse de la mer ; et c'est pour cette même raison que les Mages veillaient sur le Feu sacré, ainsi que les Vierges-vestales en Occident. Le Soleil était le « Père » de la Nature éternelle Vierge-Mère ; Osiris et Isis ; Esprit-Matière, ce dernier adoré sous ses trois états par les païens et les chrétiens. Voilà d'où viennent les Vierges —il en est même au Japon— vêtues de bleu étoilé, se tenant sur le croissant lunaire, symbole de la Nature féminine (en ses trois éléments : air, eau et feu) ; le Feu ou le Soleil, mâle, la fécondent annuellement de ses rayons radieux (les « langues de feu » du Saint-Esprit.)

Dans le *Kalévala*, le plus ancien poème épique des Finnois, d'une antiquité pré-chrétienne dont aucun érudit ne peut douter, on nous parle des dieux de Finlande, les dieux de l'air et de l'eau, du feu et des forêts, du ciel et de la terre. Dans la magnifique traduction de J.-M. Crawford, *Rume L* (Vol. II), le lecteur trouvera la légende tout entière de la Vierge-Marie en Mariatta, enfant de beauté, Vierge-Mère des Terres nordiques.

Ukko le grand Esprit, dont la demeure est en Tûmala, (le Ciel ou Paradis), choisit comme véhicule la Vierge Mariatta, pour s'incarner par elle Homme-Dieu. Elle devient enceinte en cueillant et en mangeant une baie rouge (*marja*) ; répudiée par ses parents, elle donne naissance à un « *Fils immortel* » dans la *crèche d'une étable*. Ensuite le « Saint Enfant » disparaît et Mariatta se met à sa recherche. Elle demande à une étoile, « l'Étoile directrice des Pays nordiques » où le « Saint Enfant » demeure caché, mais l'étoile lui répond, irritée :

> Si je savais, je ne te le dirais pas ;
> C'est ton enfant qui me créa
> Dans le froid pour briller à jamais...

et elle ne dit rien à la Vierge. La lune dorée ne consent pas davantage à l'aider, car l'enfant de Mariatta l'a créée et l'a laissée dans le grand ciel,

> Ici pour errer dans les ténèbres,
> Pour errer toute seule le soir,
> Brillant pour le bien des autres...

Seul le « Soleil argenté » prenant en pitié la Vierge-Mère, lui dit :

> Là-bas est l'enfant doré,
> Là ton Saint Enfant repose dormant,
> Caché dans l'eau jusqu'à la ceinture,
> Caché dans les roseaux et les joncs...

Elle emmène le Saint Enfant chez elle, et tandis qu'elle l'appelle « Fleur »,

> D'autres le nomment le *Fils de la Douleur*.

Sommes-nous ici en présence d'une légende postchrétienne ? Nullement, car je l'ai déjà dit, c'est une légende *d'une origine essentiellement païenne* et reconnue préchrétienne. Il s'ensuit qu'avec de pareilles données littéraires en mains les accusations toujours répétées d'idolâtrie et d'athéisme doivent prendre fin. D'ailleurs, le terme idolâtrie est d'origine chrétienne. Ce terme fût employé par les premiers Nazaréens pendant les deux premiers siècles et la première moitié du troisième siècle de notre ère, contre les nations qui faisaient usage de temples et d'églises, de statues et d'images parce que, eux, les premiers chrétiens, n'avaient *ni temples, ni statues, ni images,* autant de choses qu'ils abhorraient.

Le terme «idolâtres», par conséquent convient beaucoup mieux à nos accusateurs qu'à nous-mêmes, ainsi que cet article le prouvera. Avec leurs Madones à chaque croisement de routes, leurs milliers de statues de Christs et d'Anges de toutes formes, jusqu'à celles des Saints et des Papes, il est assez dangereux pour un catholique d'accuser un hindou ou un bouddhiste d'idolâtrie.

Cette assertion doit maintenant être prouvée.

II

Nous pouvons commencer avec l'origine du mot Dieu (*God*). Quelle est la signification réelle et primitive de ce terme? Ses significations et étymologies sont aussi nombreuses que variées. L'une d'elles nous montre le mot dérivé d'un terme persan très ancien et très mystique: *Goda*. Ce terme veut dire «lui-même» ou quelque chose émanant par soi-même du Principe absolu. La racine du mot est *Godan*, d'où *Wotan*, *Woden* et *Odin*, le radical oriental ayant été presque inaltéré par les races germaniques. C'est ainsi qu'elles firent de ce radical *Gotz* duquel l'adjectif *Gut* «*Good*» (bon), comme aussi le terme *Gota* ou idole, dérivèrent. Dans la Grèce ancienne, le mot *Zeus* et *Theos* conduisirent au mot latin *Deus*. Ce *Goda*, l'émanation, n'est et ne peut être identique à ce dont il émane et par conséquent est seulement une manifestation périodique, finie. L'antique Aratus qui écrivit «pleins de Zeus sont toutes les rues et les marchés fréquentés par les hommes, plein de Lui sont les mers et sont aussi les ports» ne limite pas la déité à une seule réflexion temporaire sur notre plan terrestre comme Zeus, ou même son antécédent Dyaus, mais l'étend au Principe universel, omniprésent. Avant que Dyaus, le dieu rayonnant (le ciel) n'ait attiré l'attention de l'homme, il y avait le védique Tat («cela») qui, pour l'initié et pour le philosophe ne porte aucun nom défini, qui est la nuit absolue cachée sous chaque radiante lumière manifestée. Mais pas plus que le mythique Jupiter, ultime réflexion de Zeus-Sourya le soleil, la première manifestation dans le monde de Maya, le fils de Dyaus, ne pouvait manquer d'être appelé «le Père» par l'ignorant.

Ainsi, le soleil devint très rapidement synonyme de Dyaus et ne fit plus qu'un avec lui; pour quelques-uns, il fut le Fils, pour d'autres «le Père» dans le ciel radieux. Dyaus-Pitar, le Père dans le Fils et le Fils dans le Père, montre cependant son origine finie, puisque la Terre lui a été assignée comme épouse. C'est durant la pleine décadence de la philosophie métaphysique que *Dyavaprthivi* «le Ciel et la Terre», commencèrent à être représentés comme les parents cosmiques, universels, non seulement des hommes, mais aussi des dieux. La conception originelle de la cause idéale qui était abstraite et poétique, tomba dans la grossièreté. Dyaus le ciel, devint rapidement Dyaus le Paradis, la demeure du «Père» et finalement ce Père lui-même. Ensuite le Soleil devint le symbole de ce dernier, reçut le titre de *Dina Kara* « celui qui crée le jour », de *Bhâskara* « celui qui crée la lumière », dès lors le Père de son Fils et vice versa.

Le règne du ritualisme et du culte anthropomorphique fut désormais établi et finalement avilit le monde tout entier étendant sa suprématie jusqu'à notre âge civilisé.

L'origine commune étant telle, il ne nous reste plus qu'à établir le contraste entre les deux déités, — le dieu des Gentils et le dieu des Juifs — en prenant pour base leur propre révélation, en les jugeant d'après leur propre définition, nous concluerons intuitivement quelle est celle qui est le plus près du plus haut idéal.

Nous citerons le colonel Ingersoll, qui a mis Jéhovah et Brahma en parallèle. Des nuages et des ténèbres du Sinaï, Jéhovah dit aux Juifs :

« Tu ne reconnaîtras d'autres dieux que moi... Tu ne te prosterneras pas devant eux, ni ne les serviras, car, Moi, le Seigneur, ton Dieu, je suis un Dieu jaloux, reportant les iniquités des parents sur les enfants jusqu'à la troisième et quatrième génération, afin qu'ils me craignent. »

Comparez ceci avec les paroles mises par l'Hindou dans la bouche de Brahma :

« Je suis le même pour tous les êtres. Ceux qui, honnêtement servent les autres dieux, involontairement m'adorent. Je suis Celui qui participe à toute adoration et je suis la récompense de tous les adorateurs. » Comparez ces passages. Le premier un lieu obscur où s'insinuent des choses qui naissent de la vase ; l'autre, grand comme le firmament dont la voûte est parsemée de soleils.

Le premier est le dieu qui hantait l'imagination de Calvin, lorsqu'il ajoutait à sa doctrine de la prédestination celle de l'enfer pavé des *crânes des enfants non baptisés*. Les croyances et les dogmes de nos églises sont, par les idées qu'elles impliquent, autrement blasphématoires que ceux des païens *plongés dans les ténèbres*...

En vérité, ils pourront badigeonner et déguiser autant qu'il leur plaira le dieu d'Abraham et d'Isaac, ils ne seront jamais capables de réfuter l'assertion de Marcion, qui nie que le Dieu de haine puisse être le même que le « Père de Jésus ». Quoi qu'il en soit, hérésie ou non, le « Père qui est dans le ciel » des Églises est demeuré depuis cette époque une créature hybride, un mélange entre le *Jove* (Jupiter) de la foule chez les païens, et le « Dieu jaloux » de Moïse, exotériquement le soleil, dont la demeure est dans les cieux, ou, ésotériquement, le ciel.

Ne donne-t-il pas naissance à la lumière « qui brille dans les ténèbres », au jour, le brillant Dyaus, le Fils, et n'est-il pas le Très-Haut *Deus coelum* ? Et n'est-ce point encore *Terra*, la « Terre », la Vierge toujours immaculée qui engendrant sans cesse, fécondée par l'ardente étreinte de son «Seigneur» —les vivifiants rayons du soleil— devient dans la sphère terrestre la mère de tout ce qui vit et respire en son vaste sein? De là, dans le rituel, le caractère sacré de ce qu'elle produit: le pain et le vin. De là aussi l'ancien *messis*, le grand sacrifice à la déesse des moissons (*Cérès Eleusina*, encore la terre) *messis* pour les initiés, *missa* pour le profane[1] devenu aujourd'hui la messe chrétienne ou liturgie. L'ancienne offrande des fruits de la Terre au Soleil, le *Deus Altissimus* «le Très-Haut», le symbole du G. A. O. T. U. des francs-maçons d'aujourd'hui, devint la base du rituel le plus important parmi les cérémonies de la nouvelle religion. L'adoration offerte à Osiris-Isis (le soleil et la terre[2]) à Bel et la cruciforme Astarté des Babyloniens, à Odin ou Thor et Freya, des Scandinaves; à Belen et la *Virgo Paritura* des Celtes; à Apollon et la *Magna Mater* des Grecs; tous ces couples, ayant la même signification, passèrent comme représentation corporelle chez les chrétiens et furent transformés par eux en Seigneur Dieu ou le Saint-Esprit descendant sur la Vierge Marie.

Deus Sol ou *Solus*, le Père, fut confondu avec le Fils: le «Père» dans sa gloire rayonnante de Midi, devint le «fils» au Soleil levant, quand on disait de lui qu'il «était né». Cette idée recevait sa pleine apothéose annuellement, le 25 décembre, pendant le solstice d'hiver, alors que le soleil, disait-on —était né— il en était de même pour les dieux solaires de toutes les nations. *Natalis solis invicte*. Et le «précurseur» du Soleil ressuscité croît et se fortifie jusqu'à l'équinoxe de printemps, quand le Dieu-Soleil commence sa course annuelle sous le règne de Ram ou du Bélier, la première semaine lunaire du mois.

Le premier mars était fêté dans toute la Grèce païenne et ses *neomenia* étaient consacrées à Diane. Pour la même raison, les nations chrétiennes célèbrent leur fête de Pâques, le premier dimanche qui suit la pleine lune de l'équinoxe du printemps. De même que les fêtes païennes, les vêtements canoniques ont été copiés par le christianisme. Ceci peut-il être nié? Dans sa *Vie de Constantin*, Eusèbe confesse, disant ainsi peut-être l'unique vérité qu'il eût jamais proférée dans sa vie, que «afin de rendre le Christianisme plus attrayant pour les Gentils, les prêtres (du Christ) adoptèrent les vêtements extérieurs et les ornements utilisés dans le culte païen». Il aurait pu ajouter leurs rituels et dogmes, également.

---

[1] De *pro* avant et *fanum* le temple, c'est-à-dire les non-initiés qui se tiennent devant le temple, mais n'osent y entrer.
[2] La Terre et la Lune sa parente, sont similaires. Ainsi toutes les déesses lunaires étaient aussi des symboles représentatifs de la Terre (Voir *Doctrine Secrète*, Symbolisme).

III

Bien qu'on ne puisse se rapporter au témoignage de l'histoire, c'est cependant un point historique, — car un grand nombre de faits relatés par les anciens écrivains le corroborent — que le Rituel de l'Église et de la Franc-Maçonnerie jaillirent de la même source et se développèrent la main dans la main. La Maçonnerie était, tout simplement à son origine le Gnosticisme archaïque, ou le christianisme ésotérique primitif ; le Rituel de l'Église était et est celui d'un *paganisme exotérique* pur et simple *remodelé*, car nous ne pouvons dire réformé.

Lisez les œuvres de Ragon, un maçon qui laissa dans l'oubli plus long que n'en connaissent les maçons d'aujourd'hui. Étudiez, collationnez les faits accidentels, mais nombreux qui se trouvent dans les écrivains grecs et latins dont plusieurs furent des initiés et le plus grand nombre des néophytes instruits et des participants aux Mystères. Lisez enfin les calomnies, soigneusement élaborées par les Pères de l'Église contre les Gnostiques, les Mystères et leurs initiés, et vous finirez par démêler la vérité. C'est un petit nombre de philosophes, chassés par les événements politiques de l'époque, traqués et persécutés par les évêques fanatiques du christianisme primitif qui n'avait encore ni rituel, ni dogmes, ni églises, ce sont ces païens qui fondèrent le christianisme.

Mélangeant de la façon la plus irréligieuse les vérités de la religion-sagesse avec les fictions exotériques si chères aux masses ignorantes, ce sont eux qui posèrent les premières fondations rituelliques des églises et des Loges de la franc-maçonnerie moderne. Ce dernier fait à été démontré par Ragon, dans son *Ante-Omniae* de la Liturgie moderne, comparée avec les anciens mystères, et montrant le Rituel mis en œuvre par les premiers francs-maçons.

La première assertion peut être vérifiée à l'aide d'une comparaison entre les costumes en usage dans les églises, les vases sacrés, les fêtes des églises latines et autres, et ces mêmes choses chez les nations païennes. Mais les églises et la franc-maçonnerie ont complètement divergé, depuis le jour où les deux ne faisaient qu'un. Si quelqu'un s'étonne qu'un profane puisse connaître cela, nous leur répondrons : l'étude de l'antique franc-maçonnerie et de la franc-maçonnerie moderne est obligatoire pour tout occultiste oriental.

La maçonnerie, malgré ses accessoires et ses innovations modernes (particulièrement l'introduction en elle de l'esprit biblique) fait à la fois du bien sur les plans physique et moral; en tout cas, c'est ainsi qu'elle agissait, il y a dix ans à peine. C'était une véritable *ecclesia* dans le sens d'union fraternelle et d'aide mutuelle, la seule «religion» dans le monde, si nous considérons le terme comme dérivé du mot «*religare*» (relié) puisqu'elle unit tous les hommes qui lui appartiennent comme des «frères», sans égard à leur race ni à leur foi. Quant à savoir si, avec les énormes richesses qu'elle avait à sa disposition, elle ne pouvait faire beaucoup plus qu'elle n'a fait jusqu'à maintenant, cela n'est pas notre affaire. Nous ne voyons aucun mal qui soit sorti jusqu'ici de cette institution, et personne, en dehors de l'Église romaine, n'a jamais affirmé qu'elle en eût fait. L'Église peut-elle en dire autant?

Que l'histoire profane et l'histoire ecclésiastique répondent à la question.

D'abord, l'Église a divisé l'humanité en Caïns et Abels; elle a massacré des millions d'hommes au nom de son Dieu, le Dieu des *Armées* — en vérité, le féroce Jéhovah Sabbaoth — et, au lieu de donner une force impulsive à la civilisation, ce dont se glorifient orgueilleusement ses fidèles, elle l'a retardée durant le long et insipide moyen âge.

C'est seulement sous les assauts répétés de la science et par suite de la révolte des hommes essayant de se rendre libres, que l'Église commença à perdre du terrain et ne put arrêter plus longtemps la lumière. A-t-elle adouci, comme elle l'affirme, «l'esprit barbare du paganisme»? De toutes nos forces, nous disons non! Les César païens furent-ils plus altérés de sang ou plus froidement cruels que ne le sont les potentats modernes et leurs armées? A quelle époque, trouvait-on des millions de prolétaires affamés comme ils le sont de nos jours? Quand l'Humanité a-t-elle versé plus de larmes et souffert davantage que dans la période présente?

Oui, il y eut un jour où l'Église et la Maçonnerie furent une. Ce furent alors des siècles d'intense réaction morale, une période de transition où la pensée était pesante comme dans un cauchemar, un Age de lutte. Ainsi, quand la création de nouveaux idéaux conduisit à l'apparent renversement des vieux temples et à la destruction des vieilles idoles, cela se termina en réalité par la reconstruction de ces temples à l'aide des vieux matériaux et à l'érection des mêmes idoles sous de nouveaux noms. Ce fut une réorganisation et un replâtrage universels, mais seulement à «fleur de peau».

L'Histoire ne nous dira jamais — mais la tradition et les recherches judicieuses nous l'apprennent — combien de semi-Hiérophantes et de hauts Initiés furent obligés de devenir renégats pour assurer la survivance des secrets de l'initiation. Praetextatus, proconsul d'Archaïe, est digne de foi quand, au quatrième siècle de notre ère, il a fait remarquer que «priver les Grecs des mystères sacrés *qui reliaient l'Humanité tout entière* équivalait à les priver de la vie». Les initiés peut-être le comprirent, ils se joignirent *nolens volens* aux partisans de la nouvelle foi qui devenait dominatrice et ils agirent en conséquence.

Quelques Juifs gnostiques hellénisants firent de même, et ainsi, plus d'un Clément d'Alexandrie —un converti en apparence, mais de cœur un ardent néoplatonicien et philosophe païen— devinrent les instructeurs des ignorants évêques chrétiens. En un mot, le converti *malgré lui*, mélangea les deux mythologies extérieures, l'ancienne et la nouvelle, et donnant l'alliage à la multitude, garda pour lui les vérités sacrées.

L'exemple de Synésius, néo-platonicien, nous montre ce que fût cette sorte de chrétiens. Quel savant peut ignorer le fait, ou se permettre de nier que le disciple dévoué et favori d'Hypathie —la vierge philosophe et martyre, victime de l'infâme Cyrille d'Alexandrie— n'avait pas même été baptisé quand les évêques d'Égypte lui offrirent l'archevêché de la Ptolémaïde? Tout étudiant sait que, lorsqu'il fut finalement baptisé, après qu'il eut accepté l'emploi proposé, ce fut si à la légère, qu'il ne signa réellement son consentement que lorsque toutes ses conditions furent acceptées et ses futurs privilèges garantis. Parmi ces conditions, il en était une, la principale, qui était vraiment curieuse: c'est qu'il lui soit permis *sine qua non* de s'abstenir de professer les doctrines chrétiennes auxquelles lui, le nouvel évêque, ne croyait pas. Ainsi, quoique baptisé et ordonné dans les dogmes du diaconat, de la prêtrise et de l'épiscopat, il ne se sépara jamais de sa femme, n'abandonna jamais la philosophie platonicienne, non plus que ses divertissements (sports), si strictement interdits à tout autre évêque. Ceci était survenu à la fin du cinquième siècle.

De semblables concessions entre les philosophes initiés et les prêtres réformés du judaïsme étaient nombreuses à cette époque. Les premiers cherchaient à maintenir les serments prêtés aux Mystères et leur dignité personnelle. Pour faire cela, ils étaient obligés de recourir à un compromis regrettable avec l'ambition, l'ignorance, et la vague naissante du fanatisme populaire. Ils croyaient dans l'Unité Divine: le Un ou *Solus* inconditionné et inconnaissable, et pourtant, ils consentaient à rendre un hommage public au *Sol*, le soleil se mouvant parmi ses douze apôtres, les douze signes du zodiaque, autrement dit, les douze fils de Jacob. Le *hoi polloi* (la foule) restant ignorant de l'Unique, adorait le soleil et chacun en lui-même rendait hommage au Dieu qu'il honorait anciennement.

Transférer cette adoration des Déités solaires et lunaires et autres déités cosmiques aux Trônes, aux Archanges, aux Dominations, aux Saints n'était pas chose difficile, d'autant mieux que ces Déités sidérales furent admises dans le nouveau canon chrétien avec leurs noms anciens, sans presque aucun changement. C'est

LES ORIGINES DU RITUEL DANS L'ÉGLISE ET DANS LA MAÇONNERIE

ainsi que pendant la messe, le « Grand élu » renouvelait à voix basse son adhésion absolue à l'Unité Suprême Universelle de l'« Incompréhensible Ouvrier » et prononçait solennellement et à haute voix le mot sacré, alors que son assistant continuait, en chantant la *Kyriel* des noms de ces êtres sidéraux inférieurs que les masses devaient adorer.

Aux profanes catéchumènes qui, peu de mois ou des semaines auparavant, offraient leurs prières au Bœuf Apis et aux saints Cynocéphales, à l'Ibis sacré, et à l'Osiris à tête de faucon, en vérité l'aigle de saint Jean [3] et à la Colombe Divine (celle qui, dans le baptême, plane sur l'agneau de Dieu) paraissaient comme le développement naturel et la suite de leur propre zoologie nationale et sacrée qu'ils avaient appris à adorer depuis leur enfance.

---

[3] C'est une erreur de dire que Jean l'Évangéliste ne devint le Saint Patron de la Franc-Maçonnerie qu'après le XVIe siècle ; il y a là une double erreur. Entre Jean, le « Divin », le « Voyant » l'auteur de la Révélation, et Jean l'Évangéliste qu'on nous présente aujourd'hui en compagnie de l'Aigle, il y a une grande différence puisque le dernier Jean est une création d'Irénée, de même que le quatrième Évangile. L'une et l'autre furent le résultat de la querelle de l'Évêque de Lyon avec les Gnostiques, et nul ne pourra jamais dire quel fut l'auteur réel du plus grand des Évangiles. Mais, ce que nous savons, c'est que l'aigle est la propriété légale de Jean, l'auteur de l'Apocalypse, dont l'origine remonte à des siècles avant Jésus-Christ et fut seulement réédité avant de recevoir l'hospitalité canonique. Ce Jean, ou Johannes, était le patron accepté de tous les gnostiques grecs et égyptiens (qui furent les premiers constructeurs ou maçons du Temple de Salomon comme antérieurement ils le furent des Pyramides). L'Aigle, son attribut — le plus archaïque des symboles — était le *Ah*, l'oiseau de Zeus consacré au Soleil par tous les anciens peuples. Les Kabbalistes Initiés, même parmi les Juifs, l'adoptèrent comme le symbole du Sephirad Tiphi-e-reth, l'Acther spirituel ou air, tel que le dit M. Myers dans la *Kabbalah*. Avec les Druides, l'Aigle fut le symbole de la Déité suprême et aussi une partie du symbole se rapportant aux Chérubins. Adopté par les gnostiques pré-chrétiens on peut le voir au pied du Tau en Égypte, avant qu'il n'ait été placé dans le degré Rose-Croix au pied de la croix chrétienne. Par-dessus tout, l'oiseau du soleil, l'Aigle, est essentiellement lié à chaque dieu solaire ; il est le symbole de chaque voyant qui regarde dans la lumière astrale et y voit l'ombre du passé, du présent, de l'avenir aussi aisément que l'aigle regarde le soleil.

15

IV

Il peut donc être démontré que la Franc-Maçonnerie moderne et le rituel de l'Église descendent en ligne directe des gnostiques initiés, néo-platoniciens, et Hiérophantes renégats des mystères païens, dont ils ont perdu les secrets, bien qu'ils aient été conservés par ceux qui n'acceptèrent jamais de compromission. Si l'Église et la Maçonnerie veulent oublier l'histoire de leur véritable origine, les Théosophes ne le font pas. Ils répètent: la Maçonnerie et les trois grandes religions chrétiennes ont hérité des mêmes biens. Les « cérémonies et mots de passe » de la Maçonnerie, les prières, les dogmes et rites des religions sont des copies travesties du pur paganisme (copiés et empruntés rapidement par les Juifs), et de la théosophie néoplatonicienne. De même, les « mots de passe » employés aujourd'hui par les maçons bibliques et en rapport avec « la tribu de Judas », les noms de « Tubal-Caïn » et autres dignitaires zodiacaux de l'Ancien Testament ne sont autres que ceux appliqués par les Juifs aux anciens Dieux de la plèbe païenne, non les Dieux des Hiérogrammates interprètes des vrais mystères. Nous en trouvons la preuve dans ce qui suit. Les bons Frères Maçons pourraient difficilement nier que, de nom, ils sont *Solicoles* les adorateurs du soleil dans les cieux, en qui Ragon l'érudit voyait le magnifique symbole du G. A. D. U. ce qu'il est sûrement.

La seule difficulté était pour lui de prouver — ce que personne ne peut faire — que le G. A. D. U. n'était pas plutôt le *Sol* du menu fretin exotérique des *Pro fanes* que le *solus* du Grand Epoptaï. Car le secret des feux de *Solus*, l'esprit qui rayonne dans l'Etoile Flamboyante est un secret hermétique, et à moins qu'un Maçon n'étudie la vraie théosophie, ce secret est perdu pour lui. Il ne peut comprendre même les petites indiscrétions de Tishuddi. Aujourd'hui, les Maçons comme les Chrétiens sanctifient le jour du sabbat et le nomment le jour du Seigneur; cependant, aussi bien que quiconque, ils savent que le « *Sunday* » et le « *Sonntag* » des protestants anglais et allemands signifient le jour du soleil, tout comme il y a 2.000 ans.

Et vous, Révérends, Bons Pères, Prêtres et Evêques qui appelez si charitablement la Théosophie « idolâtrie » et condamnez ouvertement, et en particulier, ses adhérents à la perdition éternelle, pourriez-vous vous vanter de posséder un simple rite, un seul vêtement ou un vase sacré, soit dans l'Église, soit dans le Temple qui ne soit venu du paganisme ? Non ; il serait trop dangereux d'oser l'affirmer non seulement vis-à-vis de l'histoire, mais également devant les confessions des fonctionnaires sacerdotaux.

Récapitulons seulement pour justifier nos assertions. Du Choul écrit :
« Les sacrificateurs romains devaient se confesser avant de sacrifier. Les Prêtres de Jupiter se coiffaient d'un haut bonnet noir carré, la coiffure des *Flamines* (voir la coiffure des prêtres arméniens et grecs modernes). La *soutane* noire des prêtres catholiques romains est la *hiérocarace* noire, la robe ample des prêtres de Mithra, appelée ainsi parce qu'elle est de la couleur des corbeaux (*corax*). Le prêtre roi de Babylone possédait un sceau qu'il portait au doigt, un anneau d'or. Il avait des pantoufles que les potentats soumis à sa domination venaient baiser, un manteau blanc, une tiare d'or à laquelle deux bandelettes étaient suspendues. Les papes possèdent l'anneau d'or et les pantoufles pour le même usage, un manteau de satin blanc bordé d'étoiles d'or, une tiare avec deux bandelettes couvertes de pierreries, etc. Le vêtement de toile blanche (*alba vestis*) est celui des prêtres d'Isis ; le sommet de la tête des prêtres d'Anubis était rasé (Juvénal), d'où la *tonsure* ; la *chasuble* des « Pères » chrétiens est la copie du vêtement qui recouvrait les prêtres sacrificateurs des Phéniciens, vêtement appelé *calasiris*, il était lié à leur cou et descendait jusqu'aux talons. L'étole est venue à nos prêtres du vêtement féminin porté par les *Galli*, les danseurs du Temple dont la fonction était celle du Kadashim juif (pour le véritable terme voyez II, Rois, XXIII[4] ; *leur ceinture de pureté* leur venait de l'éphode des juifs et de la corde des prêtres d'Isis ; ceux-ci étant voués à la chasteté (pour les détails voyez Ragon). »

Les anciens païens se servaient de l'eau sainte ou lustrale pour purifier leurs cités, leurs champs, leurs temples et les hommes, tout comme cela se pratique aujourd'hui dans les contrées catholiques romaines. Les fonts baptismaux se trouvaient à la porte de chaque temple, remplis d'eau lustrale, et se nommaient *favisses* et *aquiminaria*. Avant d'offrir le sacrifice le Pontife ou le *curion* (d'où le mot français curé) plongeait dans l'eau lustrale une branche de laurier et en aspergeait ensuite la pieuse congrégation assemblée ; ce qui était alors appelé *lustrica* et *aspergitium* se nomme de nos jours aspersoir ou goupillon, en français. Ce goupillon était entre les mains des prêtresses de Mithra le symbole du *lingam* universel. Pendant les mystères il était plongé dans le lait lustral et on en aspergeait les fidèles. C'était l'emblème de la fécondité universelle ; l'usage de l'eau bénite dans le christianisme est donc un rite d'origine phallique. Bien plus,

---

[4] Les *kadashim* étaient des hommes qui se prostituaient au bénéfice du Temple de Jérusalem (NDE).

LES ORIGINES DU RITUEL DANS L'ÉGLISE ET DANS LA MAÇONNERIE

l'idée qui réside sous ce fait est purement occulte, et appartient au cérémonial magique.

Les purifications s'accomplissaient par le feu, le soufre, l'air et les éléments. Pour attirer l'attention des dieux célestes, on avait recours aux ablutions et pour conjurer et éloigner les dieux inférieurs on faisait usage de l'aspersoir.

Les voûtes des cathédrales et des églises, grecques ou romaines, sont souvent peintes en bleu et parsemées d'étoiles d'or pour représenter la voûte céleste. Cela est copié des temples égyptiens où le soleil et les étoiles étaient adorés. Le même hommage est encore rendu à l'Orient, comme au jour du paganisme par l'architecture chrétienne et maçonnique. Ragon établit pleinement ce fait dans ses volumes, aujourd'hui détruits. Le « *princeps porta* », la porte du monde, et du « Roi de Gloire » par lequel était d'abord désigné le soleil et qui maintenant, est appliqué à son symbole humain le Christ, est la porte de l'Orient et fait face à l'Est dans tout temple ou église. C'est par cette « porte de vie », la voie solennelle, qui laisse journellement entrer la lumière dans le carré oblong[5] de la terre ou le Tabernacle du soleil que le nouveau-né est introduit et porté aux fonts baptismaux. C'est à la gauche de l'édifice (le sombre Nord d'où partent les « apprentis » et où les candidats passent leur *épreuve de l'eau*) que sont placés aujourd'hui les fonts baptismaux et que, dans l'antiquité, les piscines de l'eau lustrale se trouvaient ; les anciennes églises ayant été des temples païens. Les autels de la païenne Lutèce furent enterrés et retrouvés sous le chœur de Notre-Dame-de-Paris ; le puits où était conservée l'eau lustrale existe encore aujourd'hui dans cette église. Presque toutes les grandes et anciennes églises du continent qui sont antérieures au moyen âge, étaient primitivement des Temples païens et ont été construites sur cet emplacement, en vertu des ordres donnés par les évêques et les Papes romains. Grégoire le Grand donne ainsi ses ordres au moine Augustin, son Missionnaire en Angleterre : « Détruisez les idoles, mais jamais les temples ! Aspergez-les d'eau bénite, placez-y des reliques, et que les peuples adorent là où ils ont coutume de le faire. »

Nous n'avons qu'à consulter les œuvres du Cardinal Baronius pour trouver sa confession en l'année XXXVI de ses Annales. « Il fut permis, dit-il, à la Sainte Église de s'approprier les rites et les cérémonies utilisés par les païens dans leur culte idolâtre puisqu'elle (l'Église) les régénéra par sa consécration. Dans « les antiquités Gauloises » de Fauchet, nous lisons que les Évêques de France adop-

---

[5] Un terme maçonnique, un symbole de l'arche de Noë et de l'Alliance, du temple de Salomon, du tabernacle et du camp des Israélites, tous construits en carrés oblongs. Mercure et Apollon étaient représentés par des cubes et des carrés oblongs et il en est de même de la Kaaba, le grand temple de la Mecque.

tèrent et firent usage des cérémonies païennes afin de convertir les païens au christianisme.

Ceci se passait quand les Gaules étaient encore une contrée païenne. Les mêmes rites et les mêmes cérémonies en usage aujourd'hui dans la France chrétienne et dans les autres nations catholiques sont-ils toujours accomplis dans un esprit de gratitude et de reconnaissance envers les païens et leurs dieux?

V

Jusqu'au quatrième siècle, les Églises n'avaient pas d'autels. Jusqu'à cette époque, l'autel était une table élevée dans le milieu du temple pour l'usage de la communion ou repas fraternel. (La *Cène*, comme messe était, à l'origine, dite le soir). De même, aujourd'hui, la table est dressée dans la «Loge» pour les banquets maçonniques qui terminent ordinairement les activités d'une Loge, pendant lesquels les Hiram Abifs ressuscités, les «fils de la veuve» ennoblissent leurs toasts par *fining*, un mode maçonnique de transsubstantiation. Appellerons-nous aussi autels les tables de leurs banquets? Pourquoi pas? Les autels furent copiés de l'*Ara Maxima* de la Rome païenne. Les Latins plaçaient des pierres carrées et oblongues près de leurs tombes et les appelaient *Ara*, autels; elles étaient consacrées aux dieux lares et aux Mânes. Nos autels dérivent de ces pierres carrées, autres formes des bornes frontières connues comme Dieux Termes, les Hermès et les Mercure, d'où les Mercure «*quadratus, quadrifrons*, etc.», les dieux *à quatre faces* dont ces pierres carrées sont les symboles depuis la plus haute antiquité; la pierre sur laquelle on couronnait les anciens rois d'Irlande était un semblable autel. Il y a une de ces pierres à l'abbaye de Westminster à laquelle au surplus on attribue une voix. Ainsi, tous nos autels et nos trônes descendent directement des bornes frontières priapiques des païens, les Dieux Termes.

Le lecteur fidèle aux renseignements de l'Église se sentira-t-il indigné si on lui apprend que les chrétiens n'adoptèrent le *mode païen* d'adoration dans un temple que sous le règne de Dioclétien? Jusqu'à cette époque, ils éprouvaient une insurmontable horreur des autels et des temples et pendant les 250 premières années de notre ère, les considéraient comme une abomination. Ces chrétiens primitifs étaient vraiment des chrétiens. Les chrétiens modernes sont plus païens qu'aucun des anciens idolâtres. Les premiers étaient ce que sont les théosophes de nos jours; à partir du quatrième siècle, ils devinrent des helléno-judaïques, des Gentils, moins la philosophie néo-platonicienne.

Lisez ce que Minitius Félix disait aux Romains, au troisième siècle :

«Vous vous imaginez que nous, chrétiens, nous cachons ce que nous adorons parce que *nous n'avons ni temple ni autel*? Mais quelle image de Dieu élèverions-nous puisque l'homme est lui-même l'image de Dieu? Quel temple pourrions-nous élever à la divinité alors que l'Univers qui est son œuvre peut à peine le contenir? Comment placerions-nous la puissance de l'Omnipotent dans un seul édifice? Ne vaut-il pas mieux consacrer à la divinité un temple dans notre cœur et dans notre esprit? »

Mais, à cette époque, les chrétiens du type de Minutius Félix, avaient présents à la mémoire les commandements du Maître Initié, de ne pas prier dans les synagogues et dans les temples comme le font les hypocrites, « afin qu'ils puissent être vus des hommes ». Ils se souvenaient de la déclaration de Paul, l'Apôtre Initié, le « Maître Constructeur » que *l'Homme* était le seul temple de Dieu dans lequel le Saint-Esprit, l'esprit de Dieu demeurait. Ils obéissaient aux véritables préceptes chrétiens, tandis que les chrétiens modernes obéissent seulement aux canons arbitraires de leurs Églises respectives et aux règles que leur ont laissées leurs Aînés. « Les Théosophes sont notoirement des Athées », s'écrie un écrivain de la *Church Chronicle*, « on n'en connaît aucun qui assiste au service divin: l'Église leur est odieuse »; et, sur-le-champ, donnant libre carrière à sa colère, il en accable les infidèles, les païens M. S. T.

L'homme d'Église moderne jette aussi des pierres au théosophe comme le firent ses ancêtres, les Pharisiens de la « Synagogue des Libertins » quand ils lapidèrent Étienne pour avoir dit ce que disent même beaucoup de théosophes chrétiens, à savoir que « le Très-Haut ne réside pas dans un temple construit par les mains des hommes », et ils n'hésitent pas, comme le firent ces juges iniques, à suborner des témoins pour nous accuser...

VI

La théorie du « mythe solaire » semble de nos jours tellement ressassée « *ad nauséam* », que nous l'entendons répéter des quatre points cardinaux de l'orientalisme et du symbolisme, on l'applique sans discernement à toute chose ou à toute religion, sauf à l'Église chrétienne et aux religions d'État. Sans doute, le soleil a été, dans toute l'antiquité et depuis des temps immémoriaux, le symbole de la divinité créatrice, non seulement chez les Parsis, mais dans chaque nation, et il en est de même de tous les cultes ritualistes : comme il en était autrefois, il en est encore aujourd'hui. Notre étoile centrale est le Père pour les *Pro-Fanes*, le Fils de la Divinité inconnaissable pour l'*Epoptaï*. Ragon le Maçon déjà cité, nous dit : « le Soleil était l'image la plus sublime et la plus naturelle du Grand Architecte, de même que la plus ingénieuse de toutes les allégories par lesquelles l'homme moral et bon (le vrai sage) ait jamais symbolisé l'*Intelligence* infinie, sans limite. » En dehors de cette dernière affirmation, Ragon a raison : il nous montre le symbole s'éloignant graduellement de l'idéal ainsi conçu et représenté, finissant par devenir, dans l'esprit de ses adorateurs ignorants, non plus un symbole, mais le soleil lui-même. Le grand écrivain maçonnique prouve ensuite que c'est le soleil *physique* qui était considéré comme le Père et le Fils par les premiers chrétiens. Il s'écrie : « O Frères Initiés, pouvez-vous oublier que dans les temples de la religion existante, une grande *lampe* brûle nuit et jour ? Elle est suspendue en face de l'autel principal, là où est déposée l'arche du soleil. Une autre *lampe* brûlant devant l'autel de la Vierge Mère est l'emblème de la clarté de la lune. Clément d'Alexandrie nous apprend que les Égyptiens furent les premiers à établir l'usage religieux des lampes... »

« ... Ne sait-on pas que le plus sacré et le plus terrible devoir était confié aux Vestales ? Si les temples maçonniques sont éclairés par trois lumières astrales, le soleil, la lune et l'étoile géométrique, et par trois lumières vitales, l'Hiérophante et ses deux épiscopes (surveillants en français), c'est parce que l'un des pères de la Maçonnerie, le savant Pythagore, suggéra habilement que nous ne devions pas parler de choses divines sans être éclairés par une lumière. Les païens célébraient la fête des lampes, appelées « lampadophories », en l'honneur de Minerve, Prométhée et Vulcain. Mais Lactance et quelques-uns des premiers pères de la nouvelle foi se plaignaient amèrement de l'introduction païenne des lampes dans

LES ORIGINES DU RITUEL DANS L'ÉGLISE ET DANS LA MAÇONNERIE

les églises. Lactance écrit : « S'ils daignaient contempler cette lumière que nous appelons le soleil, ils reconnaîtraient bientôt que Dieu n'a pas besoin de leurs lampes », et Vigilantus ajoute : « Sous prétexte de religion, l'Église a établi la coutume des Gentils d'éclairer avec de mesquines chandelles, tandis que le soleil est là nous éclairant de mille lumières. Est-ce là un grand honneur pour l'Agneau de Dieu, le soleil ainsi représenté qui, se tenant au milieu du Trône (l'Univers) le remplit du rayonnement de sa majesté? De tels passages nous prouvent qu'en ces jours, l'Église primitive adorait le Grand Architecte de l'Univers dans son image, le Soleil unique, le seul de son espèce (*la Messe et ses Mystères*). »

En vérité, pendant que les candidats chrétiens doivent prononcer le serment maçonnique tournés vers l'Est et que leur « Vénérable » reste du côté oriental (parce que les néophytes faisaient ainsi dans les Mystères païens) l'Église conserve, à son tour, le même rite. Pendant la Grand-Messe, le grand autel (*ara maxima*) est orné avec le tabernacle ou pyx (la boîte dans laquelle le Saint-Sacrement est enfermé) et avec six lampes ; la signification ésotérique du pyx et de son contenu, symbole du « christ-soleil » est la représentation du luminaire resplendissant, et les six cierges, celles des six planètes (les premiers chrétiens n'en connaissaient pas davantage) trois étant à sa droite, et trois à sa gauche. Ceci est une copie du chandelier à sept branches de la Synagogue dont la signification est identique. *Sol est dominus meus* « le Soleil est mon Seigneur ! », s'écrie David dans le psaume XCV, et cela est traduit très ingénieusement dans la version autorisée par : « Le Seigneur est un grand Dieu, un grand Roi, au-dessus de tous les Dieux ! » (V. 3) ou, en vérité, les planètes. Augustin Chalis est plus sincère, lorsqu'il s'écrie, dans sa *Philosophie des Religions comparées* : « Tous sont des dev (démons) sur cette terre, sauf le Dieu des Voyants (Initiés), et si en Christ vous ne voyez rien que le soleil, vous adorez un dev, un fantôme tels que le sont tous les Enfants de la nuit. »

L'Est étant le point cardinal d'où surgit l'astre du jour, le Grand Dispensateur et soutien de la vie, créateur de tout ce qui existe et respire sur ce Globe, il ne faut pas s'étonner que toutes les nations de la terre aient adoré en lui l'Agent visible du Principe et de la Cause invisible, et que la messe soit dite en l'honneur de celui qui est le dispensateur des *messis* ou moissons. Mais, entre l'adoration de l'Idéal en soi et l'adoration du symbole, il y a un abîme. Pour le docte Égyptien, le soleil était l'œil d'Osiris, non Osiris lui-même ; il en était de même pour les savants adorateurs de Zoroastre.

Pour les premiers chrétiens, le soleil devint la divinité *in toto* et par la force de la Casuistique, du sophisme et des dogmes qui ne doivent pas être discutés, les Églises chrétiennes modernes ont fini par obliger les personnes cultivées, elles-mêmes, à accepter cette opinion. Elles les ont hypnotisées dans une croyance que leur Dieu est la *seule* Divinité vivante, le créateur du Soleil, non le Soleil, démon adoré par les «païens». Mais quelle est la différence entre un mauvais démon et un Dieu anthropomorphique tel qu'il est représenté dans les *Proverbes de Salomon*?

Ce «Dieu» à moins que les pauvres, les désespérés, les ignorants n'en appellent à lui, quand leur «crainte les étreint comme une désolation» et que leur «destruction tombe sur eux comme un tourbillon,» ce Dieu les menace avec des paroles comme celles-ci : «Je rirai de vos calamités, je me moquerai de vos craintes» (Prov. 27). Comparez ce Dieu avec le Grand Avatar sur lequel est fondée la légende chrétienne, et identifiez-le avec le Grand Initié lui a dit : «Bénis soient ceux qui pleurent car ils seront consolés.» Quel est le résultat de cette comparaison?

Il y a là de quoi justifier la joie diabolique de Tertullien qui souriait et se réjouissait à l'idée que son proche parent «infidèle» rôtissait dans le feu de l'enfer ; ainsi que le conseil donné par Hieronymus au Chrétien converti de fouler aux pieds le corps de sa mère païenne si elle cherche à l'empêcher de l'abandonner à jamais, pour suivre le Christ…

VII

Le rituel du christianisme primitif — comme il est maintenant suffisamment démontré — dérive de l'ancienne Maçonnerie. Celle-ci est à son tour l'héritière des mystères, presque disparus à cette époque. Nous dirons quelques mots de ceux-ci :

Il est bien connu que, dans toute l'antiquité, à côté de l'adoration populaire, faite de la lettre morte, et de formes vides des cérémonies exotériques, chaque nation avait son culte secret, désigné dans le monde comme étant les Mystères. Strabon, parmi tant d'autres, porte témoignage de cette assertion (*Geogr.*, Lib. X) : « Nul ne pouvait être admis aux Mystères s'il n'était préparé par un entraînement particulier. Les Néophytes qu'on instruisait dans la partie supérieure des Temples étaient initiés dans les cryptes au Mystère final. » Ces instructions constituaient le dernier héritage, la dernière survivance de la sagesse antique et c'est sous la direction des Hauts Initiés que les Mystères étaient *représentés*. Nous employons à dessein le terme représenté, car les instructions orales, à voix basse étaient données seulement dans les cryptes, en secret et dans un silence solennel. Les leçons sur la théogonie et la cosmogonie étaient exprimées par des représentations allégoriques ; le *modus operandi* de l'évolution graduelle du Kosmos, des mondes, et finalement de notre terre, des Dieux et des hommes, tout cela était communiqué symboliquement. Les grandes représentations publiques qui se donnaient pendant les fêtes des Mystères avaient pour témoin la foule qui adorait aveuglément les vérités qui y étaient personnifiées. Seuls, les Hauts Initiés, les Époptes comprenaient leur langage et leurs significations réelles. Tout cela, et bien plus encore, est connu dans le monde savant.

Toutes les anciennes nations ont prétendu savoir que les Mystères réels concernant ce que l'on appelle, si peu philosophiquement la création, furent divulgués aux Élus de notre race (la cinquième) par ses premières dynasties de Rois *divins* : « Dieux dans la chair, » « incarnation divine » ou « Avatars ».

Les dernières stances tirées du Livre de Dzyan dans *la Doctrine secrète* parlèrent de ceux qui régnèrent sur les descendants « issus du Saint Troupeau » et... « qui redescendirent et firent la Paix avec la cinquième race, l'enseignèrent et l'instruisirent ».

La phrase « firent la paix » montre qu'il y avait eu une querelle précédente. Le sort des Atlantes dans notre philosophie et celui des pré-diluviens dans la Bible corroborent cette idée. Une fois de plus, et cela, bien des siècles avant les Ptolémées, le même abus de la science sacrée gagna lentement les Initiés du Sanctuaire égyptien. Bien que conservés dans toute leur pureté pendant des siècles innombrables, les enseignements sacrés des Dieux, de par l'ambition personnelle et l'égoïsme des Initiés, furent de nouveau corrompus. La signification des symboles ne se trouva que trop souvent profanée par d'inconvenantes interprétations, et bientôt, les mystères d'Éleusis restèrent les seuls, purs de toute altération et de toute innovation sacrilège. Ils étaient célébrés à Athènes en l'honneur de (Cérès) Déméter ou la Nature, et c'est là que l'élite intellectuelle de la Grèce et de l'Asie Mineure fût initiée. Dans son quatrième Livre, Zosime expose que ces Initiés appartenaient à toute l'Humanité[6], et Aristide appelle les Mystères «Le Temple commun à toute la terre».

Ce fut pour conserver quelques souvenirs de ce «temple» et le reconstruire à l'occasion, que certains élus parmi les Initiés furent choisis et mis à part. Ceci fut accompli par leur Grand Hiérophante en chaque siècle, depuis l'époque où les allégories sacrées montrèrent les premiers symptômes de profanation et de décadence.

Finalement, les Grands Mystères d'Éleusis partagèrent la destinée des autres. Leur supériorité première et leur but primitif sont décrits par Clément d'Alexandrie qui nous montre que les Grands Mystères divulguaient les secrets et le mode de construction de l'Univers, ceci étant le commencement, la fin et le but ultime de la connaissance humaine. Et l'on montrait à l'initié la nature et toutes choses, telles qu'elles sont (*Strom.*, 8). Voilà la Gnose pythagoricienne: «la connaissance des choses telles qu'elles sont».

Épictète parle de ces instructions dans les termes les plus élevés: «Tout ce qui est établi là le fut par nos Maîtres pour l'instruction des hommes et la correction de nos mœurs» (apud Arriam, *Dissert. lib.*, cap. 21). — Platon dit de même, dans le Phédon; l'objet des Mystères était de rétablir l'âme dans sa pureté primitive, cet état de perfection qu'elle avait perdu.

---

[6] Cicéron dit dans *De Nat. Deorum*, lib. I: Omitto Eleusinem sanctam illam et augustam. ubi initiatu, gentes ororum ultime.

VIII

Mais l'époque arriva où les Mystères devièrent de leur pureté comme il en est des religions exotériques. Cela commença quand l'État, sur le conseil d'Aristogiton, entreprit de retirer des Mystères d'Éleusis une constante et féconde source de revenus. Une loi fut édictée à cet effet. Désormais, nul ne pouvait être initié sans payer une certaine somme pour ce privilège. Ce qui, jusque-là ne pouvait être acquis qu'au prix d'un effort incessant, presque surhumain vers la vertu et la perfection, put s'acquérir désormais avec de l'or. Les Laïques — et les prêtres eux-mêmes — acceptant cette profanation, perdirent leur respect passé pour les Mystères intérieurs, et ceci finit par conduire à la profanation de la science sacrée. La déchirure faite dans le voile s'élargit avec chaque siècle, et plus que jamais, les sublimes Hiérophantes redoutant la publication et l'altération des secrets les plus sacrés de la nature, travaillèrent à les éliminer du programme intérieur, limitant la pleine connaissance à un petit nombre.

Ceux-là, qui furent *mis à part*, devinrent les seuls gardiens du divin héritage des âges passés.

Sept siècles plus tard, nous trouvons Apulée, malgré sa sincère inclination vers la magie et la mystique, écrivant dans son «Ane d'Or» une satire amère contre l'hypocrisie et la débauche de certains ordres de prêtres, demi-initiés; par lui aussi, nous apprenons que de son temps (deuxième siècle après J.-C.), les Mystères étaient devenus si communs, que des personnes de toutes conditions et de toutes classes, dans chaque nation, hommes, femmes, enfants, *tous étaient initiés!* L'Initiation était en ce temps-là, aussi nécessaire que le baptême l'est aujourd'hui pour les chrétiens, elle était ce qu'est le baptême de nos jours: une cérémonie sans signification et de pure forme. Plus tard encore, les fanatiques de la nouvelle religion abattirent leur lourde main sur les Mystères.

Les *Épopταï*, ceux «qui voient les choses telles qu'elles sont» disparurent un à un, émigrant dans les régions inaccessibles aux chrétiens. Les Mystes (les voilés) «ceux qui voient les choses telles qu'elles paraissent être» demeurèrent rapidement, par la suite, seuls maîtres de la situation.

Ce sont les premiers, les «mis à part» qui ont conservé les véritables secrets, et ce sont les Mystes, ceux qui ne connaissent les choses que superficiellement, qui posèrent la pierre fondamentale de la Franc-Maçonnerie moderne. De cette fraternité primitive de maçons, demi-païens, demi-convertis, sont nés le rituel chrétien et la plupart des dogmes.

Les Epoptaï et les Mystes sont à la fois désignés par le nom de Maçons, car tous, fidèles au serment fait à leurs Hiérophantes et « Rois » disparus depuis longtemps, reconstruisirent *leur Temple*; les Epoptaï, leur temple « inférieur », et les Mystes, leur temple « supérieur », car tel était le nom dont ils étaient irrespectueusement désignés dans certaines régions, aussi bien dans l'antiquité que de nos jours. Sophocle parle, dans *Electre* (acte II), des fondations d'Athènes —l'emplacement des Mystères d'Éleusis— comme étant « l'édifice sacré des Dieux », c'est-à-dire construit par les Dieux. L'initiation était décrite comme une « promenade dans le Temple » et la « purification » ou « *reconstruction du Temple* » se rapportait au corps de l'initié dans sa dernière et suprême épreuve (voir l'Évangile de saint Jean 11 et 19). La doctrine exotérique était aussi désignée, parfois, sous le nom de « Temple » et la religion populaire exotérique par celle de « cité ». — *Construire un temple* signifiait fonder une école exotérique ; *construire « un temple dans la cité »* se rapportait à établir un culte public. Par conséquent, les vrais survivants des Maçons, sont ceux du *Temple inférieur* ou la *crypte*, la place sacrée de l'initiation ; ils sont les seuls gardiens des véritables secrets maçonniques perdus maintenant pour le monde.

Volontiers, nous accordons à la fraternité moderne des Maçons le titre de « constructeurs » du « Temple supérieur » quoique la supériorité donnée *a priori* par l'adjectif est aussi illusoire que la flamme du buisson de Moïse dans les Loges des Templiers.

IX

L'allégorie mal comprise qui est connue sous le nom de la descente aux Enfers a causé beaucoup de mal. La « Fable » ésotérique d'Hercule et de Thésée descendant *dans les régions infernales*; le voyage aux Enfers d'Orphée qui trouva son chemin grâce au pouvoir de sa lyre (Ovide, *Métamorphoses*) ; celui de Krishna, et finalement celui du Christ qui « descendit aux Enfers » et « ressuscita des morts » le troisième jour, ont été rendus méconnaissables par les « adaptateurs » non initiés des rites païens qui le transformèrent en dogmes et rites de l'Église.

Du point de vue astronomique, cette *descente aux Enfers* symbolise le soleil durant l'équinoxe d'automne ; on supposait alors qu'il abandonne les hautes régions sidérales, qu'il se livrait un combat entre lui et le démon des ténèbres qui prend le meilleur de notre lumière. On imaginait le soleil subissant une mort temporaire et descendant dans les régions infernales. Mais du point de vue mystique, cette allégorie symbolise les rites de l'initiation dans les cryptes du Temple appelées le « monde inférieur » (Hadès). Bacchus, Héraclès, Orphée, Asklepios et tous les autres visiteurs de la crypte, descendaient tous aux enfers d'où ils remontaient le troisième jour, car tous étaient des Initiés et des « constructeurs du Temple inférieur ». Les paroles adressées par Hermès à Prométhée enchaîné sur les rocs arides du Caucase — Prométhée lié par l'ignorance et dévoré par le vautour des passions — s'appliquaient à chaque néophyte, à chaque *Chrestos* pendant les épreuves. « Il n'y a pas de terme à ton supplice jusqu'à ce que Dieu (ou un dieu) apparaisse et ne te relève de tes douleurs, consentant à descendre avec toi dans le ténébreux Adès, aux sombres profondeurs du Tartare[7]. » (Ceci veut dire simplement jusqu'à ce que Prométhée (ou l'homme) puisse trouver le « dieu », ou Hiérophante (l'initiateur), qui descende volontairement avec lui dans les cryptes de l'initiation et le dirige autour du Tartare, le vautour des passions ne cessera de dévorer ses organes vitaux[8].

---

[7] Eschyle, *Prométhée*, 1.027 ff.
[8] La région obscure de la crypte dans laquelle le candidat à l'initiation était supposé rejeter pour toujours ses mauvaises passions ou ses mauvais désirs. De là découlent toutes les allégories contenues dans les œuvres d'Homère, d'Ovide, de Virgile, etc., que les savants modernes prennent dans leur sens littéral. Le Phlégéton était le fleuve dans le Tartare où l'Initié était plongé trois fois par le Hiérophante, après quoi les épreuves étaient terminées. L'homme était né de nouveau ; il avait laissé pour toujours dans le sombre courant le vieil homme de péché et le

LES ORIGINES DU RITUEL DANS L'ÉGLISE ET DANS LA MAÇONNERIE

Eschyle en tant qu'Initié ne pouvait rien dire de plus! Mais Aristophane, moins pieux, ou plus audacieux, divulgue le secret à ceux qui ne sont pas aveuglés par des préjugés trop enracinés, dans son immortelle satire sur la «descente aux enfers» d'Héraclès (*les Grenouilles*). Nous trouvons là le chœur des bienheureux (les Initiés), les Champs-Elysées, l'arrivée de Bacchus (le dieu Hiérophante avec Héraclès), la réception avec des torches allumées, emblème de la NOUVELLE VIE et de la RÉSURRECTION des ténèbres de l'ignorance humaine, à la lumière de la connaissance spirituelle, la VIE ÉTERNELLE. Chaque mot de la brillante satire atteste l'intention intérieure du poète:

> Animez-vous, torches ardentes.., car tu viens
> Les secouant en ta main Iacchus
> Étoile phosphorescente du rite nocturne.

Les initiations finales avaient toujours lieu durant la nuit. Par conséquent, parler de quelqu'un comme étant descendu aux Enfers équivalait dans l'antiquité à le désigner comme un *Initié parfait*. A ceux qui se sentiraient enclins à rejeter cette explication, je poserai une question: Peuvent-ils nous donner, en ce cas, la signification d'une phrase contenue dans le sixième livre de l'*Enéide* de Virgile? Que veut dire le poète, sinon ce que nous exprimons plus haut, lorsque, introduisant le vénérable Anchise dans les Champs-Elysées, il l'engage à conseiller à son fils Enée le voyage en Italie... où il aura à combattre dans le Latium un peuple rude et barbare; mais, ajoute-t-il, ne t'aventure pas ainsi avant d'avoir accompli «*la descente aux enfers*», c'est-à-dire deviens initié.

Les cléricaux bienveillants qui, sur la plus petite provocation, sont toujours prêts à nous envoyer au Tartare et aux régions infernales, ne se doutent pas quel bon souhait ils formulent à notre égard, et quelle sainteté de caractère nous devrions acquérir pour pouvoir entrer dans un endroit aussi sacré.

Les païens n'étaient pas les seuls à avoir leurs Mystères. Bellarmin (*de Eccl. Triumph.*, lib. II, cap. 14) affirme que les premiers chrétiens adoptèrent, d'après l'ensemble des cérémonies païennes, la coutume de se rassembler dans l'Église durant les nuits qui précédaient leur fête, pour y tenir vigiles ou «veilles».

Leurs cérémonies furent d'abord accomplies avec pureté et la plus édifiante sainteté, mais des abus d'immoralité ne tardèrent pas à se glisser dans ces as-

---

troisième jour, lorsqu'il sortait du Tartare, il était une individualité, la personnalité était morte; chaque allégorie telle que Ixion, Tantale, Sisyphe, etc., est une personnification de quelque passion humaine.

semblées, si bien que les évêques jugèrent utile de les abolir. Nous avons lu des douzaines de livres parlant de la licence qui régnait dans les fêtes religieuses païennes. Cicéron (*de Leg.*, Lib. II cap. 15) nous montre Diagondas le Thébain ne trouvant, pour remédier à de pareils désastres dans les cérémonies, d'autres moyens que la suppression des Mystères eux-mêmes. Toutefois, lorsque nous comparons les deux sortes de célébrations, les mystères païens sanctifiés depuis les âges, bien des siècles avant notre ère, et les agapes chrétiennes d'une religion à peine née et prétendant à une si grande influence purificatrice sur ses convertis, nous ne pouvons que plaindre l'aveuglement mental de ses défenseurs et citer à leur intention cette demande de Roscommon :

> Quand vous commencez avec telle pompe et ostentation
> Pourquoi votre fin est-elle si mesquine et si basse ?

X

Le christianisme primitif — étant dérivé de la Maçonnerie primitive — avait aussi ses signes, ses mots de passe et ses degrés d'initiation. «Maçonnerie» est un terme ancien et son emploi ne remonte pas très loin dans notre ère. Paul s'intitule un «Maître Constructeur» et il en était un.

Les anciens Maçons étaient désignés par des noms différents, la plupart des Éclectiques alexandrins, les théosophes de Amonnius Saccas et les derniers néoplatoniciens étaient tous virtuellement des Maçons. Tous étaient liés par serment au secret. Tous se considéraient comme une fraternité et ils avaient aussi leurs signes de reconnaissance. Les Éclectiques ou Philalèthes comptaient dans leurs rangs les savants les plus capables et les plus érudits de l'époque, comme aussi plusieurs têtes couronnées. L'auteur de *la Philosophie éclectique* s'exprime ainsi :

«Leurs doctrines furent adoptées par les païens et par les chrétiens en Asie et en Europe et pendant un temps, tout semblait favorable à une fusion générale des croyances religieuses. Les empereurs Alexandre Sévère et Julien, les embrassèrent. Leur influence prédominante sur les idées religieuses excita la jalousie des chrétiens d'Alexandrie; l'école fut transférée à Athènes, et ensuite fermée par l'empereur Justinien. Ses professeurs se retirèrent en Perse[9] où ils firent de nombreux disciples.»

Quelques autres détails pourraient être intéressants. Nous savons que les Mystères d'Éleusis survécurent à tous les autres. Tandis que les cultes secrets des Dieux mineurs, tels que les Curètes, les Dactyles, les adorateurs d'Adonis, de Kabiri et même ceux de la vieille Égypte, disparaissaient sous la main vindicative et cruelle de l'impitoyable Théodose[10], les Mystères d'Éleusis ne pouvaient aussi aisément être supprimés; ils étaient, en vérité, la religion de l'Humanité, et brillaient dans toute leur antique splendeur, sinon dans leur pureté primitive. Il fallait plusieurs siècles pour les abolir et ils se perpétuèrent jusqu'en l'an 396 de notre ère. C'est alors que les «Constructeurs du Temple supérieur ou du Temple de la Cité» apparurent pour la première fois sur la scène et travaillèrent sans répit pour introduire leur rituel et leur dogme particulier dans l'Église naissante, tou-

---

[9] Nous pouvons ajouter et au-delà, dans l'Inde, dans l'Asie centrale, car nous trouvons leur influence dans toutes les contrées asiatiques.
[10] Le meurtrier des Thessaloniciens qui furent massacrés par ce fils pieux de l'Église.

jours querelleuse et combattante. Le Triple Sanctus de la messe de l'Église catholique romaine est le S.S.S. de ces Maçons primitifs et c'est le préfixe moderne de leurs documents, ou de tout « balustre [11] » ; l'initiale de *Salutem* ou *Santé*, comme cela a été dit âprement par un Maçon : « Cette triple salutation maçonnique est la plus ancienne parmi les Maçons. » (Ragon.)

---

[11] Balustre : terme maçonnique signifiant travail écrit (NDT).

XI

Mais les greffes maçonniques sur l'arbre de la religion chrétienne ne se limitent pas à cela. Pendant les Mystères d'Éleusis, le vin représentait Bacchus et Ceres le pain, ou le blé[12].

Or, Cérès ou Déméter était le principe producteur féminin de la terre, l'épouse du père Aether ou Zeus ; et Bacchus, le fils de Zeus-Jupiter, était son père manifesté. En d'autres termes, Cérès et Bacchus étaient les personnifications de la substance et de l'esprit les deux principes vivifiants dans la nature et sur la terre. Le Hiérophante initiateur présentait symboliquement aux candidats, avant la révélation finale des Mystères, le vin et le pain qu'il mangeait et buvait pour témoigner que l'esprit devait vivifier la matière, c'est-à-dire que la Divine Sagesse du Soi supérieur devait pénétrer le Soi intérieur ou âme, en prendre possession par elle, se révéler à lui-même.

Ce rite fut adopté par l'Église chrétienne. Le Hiérophante qui était alors appelé le « Père » est maintenant devenu — moins la connaissance — le prêtre « père » qui administre la même communion. Jésus se nomme lui-même la vigne et il nomme son « Père » le Vigneron ; sa parole au Dernier Repas montre sa parfaite connaissance de la signification symbolique du pain et du vin, ainsi que de son identification avec les *logoï* des Anciens. « Quiconque mange ma chair et boit mon sang aura la vie éternelle. » Il ajoute : « les paroles (*rhemata* ou paroles secrè-

---

[12] Bacchus est certainement d'origine hindoue. Pausanias le montre comme étant le premier qui conduisit une expédition contre l'Inde et qui jeta un pont sur l'Euphrate. Le câble qui servait à unir les deux rives opposées, est montré aujourd'hui dit un historien ; il est tissé de ceps de vigne et de branches de lierre rampantes (X, XXIV 4). Arianus et Quinte-Curce expliquaient l'allégorie de la naissance de Bacchus sorti de la cuisse de Zeus en disant qu'il était né sur le mont Mérou, nous savons qu'Ératosthène et Strabon croyaient que le Bacchus hindou avait été inventé par des courtisans d'Alexandre, simplement pour lui plaire, car celui-ci se complaisait à penser qu'il avait conquis l'Inde comme, on supposait que Bacchus l'avait fait. Mais d'un autre côté, Cicéron mentionne le Dieu comme étant fils de Thyonê et de Nisus ; Dionysos signifie le Dieu Dis, du mont Nys dans l'Inde. Bacchus couronné de lierre ou Kissos n'est autre que Krishna dont un des noms était Kissen. Dionysos avant tout était le Dieu sur lequel on comptait pour libérer les âmes des hommes de leur prison de chair ; Hadès ou le Tartare humain en l'un de ces sens symboliques. Cicéron appelle Orphée un fils de Bacchus et ici nous rencontrons une tradition qui, non seulement représente Orphée comme venant de l'Inde (on le disait brun et de teint basané) mais qui l'identifie avec Ardjouna le chela et fils adoptif de Krishna. (*See five Years of Theosophy*.)

tes) que je vous donne sont Esprit et Vie». Elles le sont parce que «c'est l'Esprit qui vivifie». Ces *rhemata* de Jésus sont en vérité les paroles secrètes d'un Initié.

Mais, entre ce noble rite, aussi vieux que le symbolisme, et sa dernière interprétation anthropomorphique qui est maintenant connue comme transsubstantiation, il y a tout un abîme de sophisme ecclésiastique. De quelle force est l'exclamation: «Malheur à vous, Hommes de Loi», car vous avez rejeté *la clef de la connaissance*» (et vous ne permettez pas même aujourd'hui, que la gnose soit donnée aux autres), et moi, avec une force décuplée, je dis que jamais autant que de nos jours ces paroles n'ont été d'une plus grande application.

Oui, cette *gnose*, «vous ne la laissez pas pénétrer en vous-même, et ceux qui ont voulu et veulent l'atteindre, vous les en avez empêché» et vous les empêchez encore.

Les prêtres modernes ne méritent pas seuls ce blâme. Les maçons, les descendants ou, en tout cas, les successeurs des «constructeurs du Temple supérieur» du temps des Mystères, eux qui devraient avoir une meilleure connaissance, bafouent et méprisent ceux d'entre leurs frères qui se souviennent de leur véritable origine. Plusieurs grands savants et Kabbalistes modernes, qui sont Maçons et que nous pourrions nommer, reçoivent plus qu'un haussement d'épaule dédaigneux de leurs frères. C'est toujours la même vieille, vieille histoire. Même Ragon, le plus érudit jusqu'à ce jour parmi les Maçons de notre siècle, s'en est plaint en ces termes: «Tous les anciens récits attestent que les initiations dans l'antiquité comportaient un cérémonial imposant devenu à jamais mémorable par suite des grandes vérités divulguées et de la connaissance qui en résulte. Et cependant, quelques Maçons modernes *d'un demi-savoir* se hâtent de traiter de charlatans tous ceux qui, heureusement, se souviennent de ces anciennes cérémonies et veulent les leur expliquer!» (*Cours Philos.*).

XII

Vanitas, vanitatum: Rien n'est nouveau sous le soleil. Les *Litanies de la Vierge Marie* le prouvent de la façon la plus certaine. Le pape Grégoire Ier introduisit l'adoration de la Vierge Marie, et le Concile de Chalcédoine la proclama la Mère de Dieu. Mais l'auteur des *Litanies* n'a pas craint (ou est-ce la faute de son intelligence) de les orner de titres et d'adjectifs païens comme je vais le démontrer.

Il n'y a pas un symbole, pas une métaphore dans ces fameuses *Litanies* qui n'appartiennent à une foule de déesses; toutes sont Reines, Vierges ou Mères. Ces trois titres s'appliquent à Isis, Rhéa, Cybèle, Diane, Lucifera, Lucina, Luna, Tellus, Latone, Triformis, Proserpine, Hécate, Junon, Vesta, Cérès, Leucothée, Astarté, la céleste Vénus et Uranie, Alma Vénus, etc.

A côté de la signification primitive de la Trinité (signification ésotérique ou celle du Père, de la Mère et du Fils) en trouvons-nous pas la Trimourti occidentale (Dieu à trois faces) qui, dans le Panthéon maçonnique représente: «le soleil, la lune et le Vénérable»? Légère altération, en vérité, du Nord et du Germanique Feu, Soleil et Lune.

C'est la connaissance intime de ceci qui fit peut-être écrire au Maçon Ragon la profession de foi suivante:

«Pour moi, le fils est le même que Horus, fils d'Osiris et d'Isis; il est le Soleil qui, chaque année, sauve le monde de la stérilité, et toutes les races de la mort universelle.»

Et il continue, parlant des litanies de la Vierge Marie, des temples, des fêtes, des messes et services de l'Église, des pèlerinages, oratoires, jacobins, franciscains, vestales, prodiges, *ex-voto*, niches, statues, etc.

De Malville, un grand savant hébraïque, traducteur de la littérature rabbinique, observe que les Juifs donnent à la Lune tous les noms qui se trouvent dans les *Litanies* et qui sont utilisés pour glorifier la Vierge. Il trouve dans les *Litanies* de Jésus tous les attributs d'Osiris —le soleil éternel, et de Horus— le soleil annuel.

Et il le prouve.

Mater Christi est la mère du «Rédempteur» des Maçons anciens qui est le Soleil. Parmi les Égyptiens, les *hoï polloï* prétendaient que l'Enfant, symbole de la grande étoile centrale, Horus, était le Soleil d'Osireht et Oseth, dont les âmes,

LES ORIGINES DU RITUEL DANS L'ÉGLISE ET DANS LA MAÇONNERIE

après leur mort, avaient animé le Soleil et la Lune. Avec les Phéniciens, Isis devint Astarté, nom sous lequel ils adoraient la Lune qui était personnifiée par une femme parée de cornes qui symbolisaient le croissant. Astarté était représentée à l'équinoxe d'automne, après que son époux (le Soleil) avait été vaincu par le Prince des Ténèbres, et qu'il était descendu aux enfers, comme pleurant sur la perte de cet époux qui est aussi son fils, comme le fait Isis sur celle de son époux, frère et fils (Osiris Horus.) Astarté tient dans sa main une baguette cruciforme, une croix régulière et se tient toute en pleurs sur le croissant de la Lune. La Vierge chrétienne Marie est souvent représentée dans la même attitude se tenant sur la nouvelle Lune entourée d'étoiles et pleurant son fils *justa crucem lacrymosa dum pendebat filius* (voyez *Stabat Mater Dolorosa*). N'est-ce pas là le successeur d'Isis et d'Astarté, demande l'auteur?

En vérité, vous n'avez qu'à réciter les Litanies de la Vierge de l'Église catholique romaine pour constater que vous répétez les antiques incantations adressées à Adonaïa (Vénus), la mère d'Adonis, le dieu solaire de tant de nations; à Mylitta (la Vénus assyrienne,) déesse de la Nature; à Alilat que les Arabes symbolisent par les deux cornes lunaires; à Séléné, femme et sœur d'Hélios, le soleil dieu des Grecs; ou, à la *Magna mater… honestissima, purissima, castissima*, la Mère universelle de tous les Êtres, parce qu'elle est la NATURE MÈRE.

C'est vraiment Maria (Marie) qui est l'Isis Myrionymos, la déesse mère aux dix mille noms! Comme le soleil qui était Phébus dans les cieux, devint Apollon sur la terre et Pluton dans les régions encore plus inférieures (après le coucher du soleil), de même la Lune qui était Phébé dans les Cieux, Diane sur la terre (Gala, Latone, Cérès), devint Hécate et Proserpine dans le Hadès. Faut-il s'étonner alors, que Marie soit appelée *regina virginum* « Reine des Vierges », et Castissima (la plus chaste), lors même que les prières qui lui sont offertes à la sixième heure du matin et du soir soient copiées sur celles chantées par les Gentils (païens) aux mêmes heures en l'honneur de Phébé et d'Hécate? Nous savons que le vers des «Litanies de la Vierge» Stella Matutina est une copie fidèle du vers qui se trouve dans les Litanies des Triformis des païens. C'est le Concile qui condamna Nestorius qui, pour la première fois, désigna Marie comme la «Mère de Dieu» *Mater Dei*.

Plus tard, nous aurons quelque chose à dire sur ces fameuses *Litanies de la Vierge*, et nous démontrerons pleinement leur origine. Nous cueillerons les preuves, puisées dans les classiques et les modernes, à mesure que nous avancerons et nous compléterons le tout par les *Annales des Religions*, telles qu'on les trouve dans la doctrine ésotérique. Mais en attendant, nous pouvons ajouter quelques autres exposés et donner l'étymologie des termes les plus sacrés du rituel ecclésiastique.

XIII

Prêtons quelques moments d'attention aux Assemblées des «Constructeurs du Temple Supérieur» dans les premiers temps du Christianisme. Ragon nous a montré pleinement l'origine des termes suivants :

a) Le mot «Messe» vient du latin *Messis* —«moisson» d'où le nom de *Messias*, celui qui fait mûrir les moissons : «Christ-Soleil».

b) Le mot «Loge» dont se servent les maçons, faibles successeurs des Initiés, prend sa racine dans *loga* (*loka* en sanscrit) une localité et un monde ; et du grec *logos*, le Mot, un discours ; dont la pleine signification est un «lieu où certaines choses sont discutées.»

c) Les réunions des *logos* des Maçons *primitifs Initiés* finirent par être appelés *synaxis* «assemblées» de Frères, dans le but de prier et de célébrer la Cène (souper), où seules, les offrandes non entachées de sang, les fruits et céréales étaient utilisés. Bientôt après, ces offrandes furent appelées *hostiae*, ou hosties pures et sacrées, par contraste, avec les sacrifices impurs (comme les prisonniers de guerre, *hostes* d'où le *hostage* — otages) et parce que les offrandes consistaient en fruits de la moisson, les premiers fruits de *messis*. Puisqu'aucun Père le l'Église ne mentionne, comme certains savants l'auraient fait, que le mot messe vient de l'hébreu *Missah* (*oblatum*, offrande), cette explication est aussi bonne que l'autre[13].

Maintenant, le mot *synaxis* avait, chez les Grecs, son équivalent dans le mot *agyrmos* (une réunion d'hommes, une assemblée). Il se rapportait à l'initiation dans les Mystères. Les deux mots *synaxis* et *agyrmos*[14] tombèrent en désuétude et le mot missa, ou messe, prévalut et demeura.

Désireux, comme ils le sont, de voiler son étymologie, les Théologiens nous diront que le terme «messias» (*Messiah*) est dérivé du mot latin *Missus* (Messager, l'Envoyé). Mais, s'il en est ainsi, ce mot pourrait tout aussi bien être appliqué au Soleil, le messager annuel, envoyé pour apporter une nouvelle vie à la terre

---

[13] Pour une enquête approfondie sur le mot *Missah* et *Mizda*, voir *the Gnostics*, par King, page 124 et suivantes.

[14] Hésychius donne le nom *agyrmos* au premier jour de l'initiation dans les Mystères de Cérès, déesse des moissons et en parle aussi sous le nom de *Synaxis*. Les premiers chrétiens, avant que ce terme fut adopté, appelèrent leur messe et la célébration de leurs mystères *Synaxis*, mot composé du *sun* (avec) et *ago* (je conduis) d'où le grec *Synaxis*, ou une assemblée.

et à sa production. Le mot hébreu Messiah *mashiah* (l'oint, de *mashah*, oindre) pourrait difficilement être appliqué dans le sens ecclésiastique ou son emploi être justifié comme authentique, pas plus que le mot latin *Missa* (messe) ne dérive de l'autre mot latin *mittere, missum*, « envoyer » ou « renvoyer ». Parce que le service de la communion, son cœur et son âme, est fondée sur la consécration et l'oblation de l'hostie ou *hostia* (sacrifice), un pain *azyme* (un pain mince comme une feuille) représentant le corps du Christ dans l'Eucharistie, un tel pain de *fleur de farine* est un développement direct de la moisson ou offrandes de céréales.

En outre, les messes primitives étaient des Cènes (le dernier repas de la journée), simples repas des romains où « ils faisaient des ablutions », étaient oints et portaient un vêtement *senatory*, qui devinrent des repas consacrés à la mémoire du dernier souper du Christ.

Au temps des apôtres, les Juifs convertis se réunissaient à leurs *synaxes* pour lire les Évangiles et leurs correspondances (Épîtres). Saint Justin (l'an 150 de notre ère) nous dit que ces Assemblées solennelles étaient tenues le jour appelé « *sun* » (le jour du Seigneur, et en latin, *dies magnus*). Ces jours-là comprenaient le chant des psaumes la « collation » du baptême avec l'eau pure et l'agape de la Sainte Cène « avec de l'eau et du vin ». Qu'a donc à faire cette combinaison hybride des dîners romains, païens, érigée par les inventeurs des dogmes de l'Église en un mystère sacré, avec le *Messiah*, hébreu : « celui qui doit descendre dans l'abîme » (ou Hadès) ou avec Messias (qui est sa traduction grecque) ? Ainsi que Nork l'a démontré, Jésus ne fut jamais oint ni comme Grand Prêtre, ni comme roi, c'est pourquoi son nom de *Messias* ne peut dériver du mot équivalent hébreu, cela d'autant moins que le mot « oint » ou « frotté d'huile », terme homérique, est *Chris* et *Chrio*, les deux signifiant oindre le corps avec de l'huile[15]. Les phrases suivantes d'un autre Maçon d'un grade élevé, l'auteur de la Source des Mesures, résument cet imbroglio séculaire en quelques lignes : « Le fait est, dit-il, qu'il y a deux messies : l'un, descendant de sa propre volonté dans l'abîme pour le salut du monde[16] celui-là est le soleil dépouillé de ses rayons d'or et couronné de rayons noirs comme d'épines (symbolisant cette perte) ; l'autre, le Messie triomphant, qui a atteint le sommet de l'arche du ciel personnifié par le Lion de la Tribu de Judas. Dans les deux cas, il a la croix. »

Aux *Ambarvalès* les fêtes données en l'honneur de Cérès, l'Arvale, l'assistant

---

[15] Voir *Lucifer*, 1887, *The Esoteric Meaning of the Gospels*.
[16] De temps immémorial, chaque Initié, avant d'entrer dans la suprême épreuve des Initiations, dans l'antiquité, comme de nos jours, prononce ces paroles sacramentelles : « et je fais le serment de donner ma vie pour le salut de mes frères qui constituent l'ensemble de l'humanité si cela m'est demandé, et de mourir pour la défense de la Vérité. »

LES ORIGINES DU RITUEL DANS L'ÉGLISE ET DANS LA MAÇONNERIE

du Grand Prêtre, vêtu de blanc immaculé, plaçant sur l'*Hostia* (les offrandes du sacrifice) un gâteau de blé, de l'eau et du vin, goûtait le vin des libations et le donnait à goûter à tous les autres. L'oblation (ou offrande) était alors élevée par le Grand Prêtre. Cette offrande symbolisait les trois royaumes de la Nature; le gâteau de blé (le royaume végétal), le vase du sacrifice ou calice (le royaume minéral) et le *pallium* (l'écharpe) du Hiérophante, dont une extrémité était posée sur la coupe contenant le vin de l'oblation. Cette écharpe était faite en pure laine blanche de toison d'agneau.

Les Prêtres modernes répètent geste pour geste les actes du culte païen. Ils élèvent et offrent le pain pour la consécration; ils bénissent l'eau qui doit être mise dans le calice et ils y versent ensuite le vin; ils encensent l'autel, etc., et, retournant à l'autel, ils se lavent les doigts disant: «Je laverai mes mains parmi le Juste et j'entourerai ton autel, ô Grande Déesse (Cérès)». Il fait cela parce que l'ancien prêtre païen agissait ainsi disant: «Je lave mes mains (avec l'eau lustrale) parmi le Juste (les frères complètement initiés) et j'entoure ton autel, O grande déesse (Cérès)».

Le Grand Prêtre faisait trois fois le tour de l'autel portant les offrandes, élevant au-dessus de sa tête le calice recouvert avec l'extrémité de son écharpe faite de laine d'agneau, blanche comme neige.

Le vêtement consacré, porté par le pape, *pallium*, a la forme d'une écharpe et est faite de laine blanche bordée de croix pourpres. Dans l'Église grecque, le Prêtre couvre le calice avec l'extrémité de son écharpe jetée sur son épaule.

Le Grand Prêtre de l'antiquité répétait trois fois, pendant le service divin, son «*O Redemptor Mundi*» à Apollon, — le Soleil son «*Mater Salvatoris*» à Cérès, — la Terre; son «*Virgo Parturita*» à la Vierge déesse, etc., et prononçait *sept commémorations ternaires*. (Écoutez, ô Maçons!) Le nombre ternaire si révéré dans l'antiquité comme de nos jours, est prononcé sept fois pendant la Messe; nous avons trois *Introïbo*, trois *Kyrie Eleison*, trois *Mea culpa*, trois *agnus Dei*, trois *Dominus vobiscum*, de vraies séries maçonniques! Ajoutons-y les trois *et cum spiritu tuo* et la messe chrétienne nous offrira les mêmes sept commémorations triples.

Paganisme, Maçonnerie et Théologie, telle est la trinité historique qui gouverne le monde *sub rosa*.

Pouvons-nous terminer avec un salut maçonnique et dire: Illustre dignitaire de Hiram Abif Initié et «Fils de la Veuve» le Royaume des Ténèbres et de l'ignorance disparaît rapidement, mais il est encore des régions inexplorées par les savants et qui sont aussi noires que la nuit d'Égypte. *Fratres sobrii estote et Vigilate*.

Table des matières

I.	4
II.	9
III.	12
IV.	16
V.	20
VI.	22
VII.	25
VIII.	27
IX.	29
X.	32
XI.	34
XII.	36
XIII.	39